Samuel Zwingli



# Selbstständig Lesen und Schreiben üben – *einfach tierisch!*

Abwechslungsreiche Kopiervorlagen rund ums Thema Tiere

2./3. Klasse

Auer Verlag GmbH

Gedruckt auf umweltbewusst gefertigtem, chlorfrei gebleichtem
und alterungsbeständigem Papier.

1. Auflage 2009
Nach den seit 2006 amtlich gültigen Regelungen der Rechtschreibung

Coverillustration: Marion El-Khalafawi
Satz: Fotosatz H. Buck, Kumhausen
Druck und Bindung: Aubele Druck GmbH, Bobingen
ISBN 978-3-403-0**6348**-3

www.auer-verlag.de

# Inhaltsverzeichnis

# Einleitung

**LESEN UND SCHREIBEN**

Lesen und Schreiben – zwei elementare Fertigkeiten, die es in den ersten Schuljahren gezielt zu fördern gilt. Wenn dabei Lust und Freude nicht verloren gehen, ist uns schon viel gelungen. Abwechslung und dabei doch eine gewisse Kontinuität helfen mit, die Kinder zu motivieren. Die vorliegenden Texte „verführen" respektive führen die Kinder zu intensivem Lesen und regen zu fantasievollem Schreiben an. Auch der Umgang mit Schere und Klebstoff wird immer wieder gefordert. Einzelne Kinder freuen sich, die Zeichnungen auszumalen. Lassen wir ihnen die Freude! Andere verzichten gerne darauf und lösen lieber eine nächste Aufgabe. Geben wir sie ihnen!

**WERKSTATT-UNTERRICHT**

Die Blätter können als Tiergeschichten-Werkstatt zur der Lese- und Schreibkunst eingesetzt werden. Ob dann in einem größeren Block oder z. B. einmal wöchentlich damit gearbeitet wird, spielt keine Rolle.

**ARBEIT IM KLASSENVERBAND**

Auch beim traditionellen Klassenunterricht lassen sich die Blätter problemlos einsetzen. Die meisten Aufträge können von den Kindern ohne große Probleme selbstständig ausgeführt werden, andere sind anspruchsvoller und erfordern eine gewisse Vorarbeit mit der Klasse. Dies ist von der Lehrerin oder vom Lehrer im Vorfeld zu überprüfen. Das Lesenlernen und das Lese-Training sind sehr individuelle Angelegenheiten. Die Kinder müssen ohne Gruppendruck, ohne die Angst, vor den anderen nicht zu bestehen, arbeiten können. Die meisten Aufträge sind deshalb als Einzelarbeiten konzipiert. Zum Teil lassen sie sich auch zu zweit oder in einer kleinen Gruppe ausführen.

**PRÄSENTATION DER ARBEITEN**

Wichtig scheint mir jedoch, dass die Kinder die fertigen Arbeiten auf irgendeine Art präsentieren können, können – nicht müssen: Sie lesen einander ihre Geschichten vor, sie spielen sie, sie zeigen ihre Bilder, sie geben den andern Rätsel auf und lassen sie ihre Bildergeschichten lesen.

Ich wünsche Ihnen und Ihren Schülerinnen und Schülern viel Freude an der Arbeit mit den Tiergeschichten.

Samuel Zwingli

# Kontrollblatt von ________________

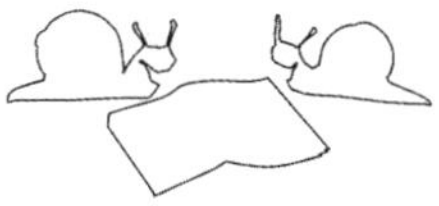

*Wenn du mit einer Aufgabe fertig bist, zeichnest du ins entsprechende Feld ein passendes Tier. So kannst du immer nachschauen, welche Aufgaben noch zu lösen sind.*

| | | | |
|---|---|---|---|
| Der hungrige Fuchs | Drei gemixte Witze | Mara, das kleine Känguru | Das Mäuslein und der Elefant |
| Der Floh | Wenn zwei sich streiten … | Rate, wer ich bin! | Katzengeschichten |
| Ein gewürfelter Anfang | Eigenschaften der Tiere | In Tiere verzaubern | Eine ausgewählte Geschichte |
| Die Katze und die Maus | Sieben kecke Schnirkelschnecken | Leporello | Geschichte vom kleinen Seehund |
| Dürrer Hund mit faulen Ohren | Astzapfentiere | Comic | Schneckenreise |

# Klassen-Kontrollblatt

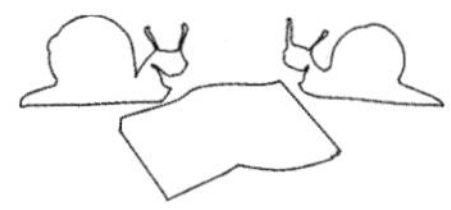

| Name Schülerin/Schüler | Der hungrige Fuchs | Drei gemixte Witze | Mara, das kleine Känguru | Das Mäuslein und der Elefant | Der Floh | Wenn zwei sich streiten ... | Rate, wer ich bin! | Katzengeschichten | Ein gewürfelter Anfang | Eigenschaften der Tiere | In Tiere verzaubern | Eine ausgewählte Geschichte | Die Katze und die Maus | Sieben kecke Schnirkelschnecken | Leporello | Geschichte vom kleinen Seehund | Dürrer Hund mit faulen Ohren | Astzapfentiere | Comic | Schneckenreise |
|---|---|---|---|---|---|---|---|---|---|---|---|---|---|---|---|---|---|---|---|
| | | | | | | | | | | | | | | | | | | | |
| | | | | | | | | | | | | | | | | | | | |
| | | | | | | | | | | | | | | | | | | | |
| | | | | | | | | | | | | | | | | | | | |
| | | | | | | | | | | | | | | | | | | | |
| | | | | | | | | | | | | | | | | | | | |
| | | | | | | | | | | | | | | | | | | | |
| | | | | | | | | | | | | | | | | | | | |
| | | | | | | | | | | | | | | | | | | | |
| | | | | | | | | | | | | | | | | | | | |
| | | | | | | | | | | | | | | | | | | | |
| | | | | | | | | | | | | | | | | | | | |
| | | | | | | | | | | | | | | | | | | | |
| | | | | | | | | | | | | | | | | | | | |
| | | | | | | | | | | | | | | | | | | | |
| | | | | | | | | | | | | | | | | | | | |
| | | | | | | | | | | | | | | | | | | | |
| | | | | | | | | | | | | | | | | | | | |
| | | | | | | | | | | | | | | | | | | | |
| | | | | | | | | | | | | | | | | | | | |
| | | | | | | | | | | | | | | | | | | | |
| | | | | | | | | | | | | | | | | | | | |
| | | | | | | | | | | | | | | | | | | | |
| | | | | | | | | | | | | | | | | | | | |

# Der hungrige Fuchs

Ein kleiner Hund, eine kleine Katze,
eine kleine Ente und eine kleine Taube
gingen miteinander spazieren.
Jedes von ihnen erzählte,
was es besser als die anderen könne.

„Ich kann schnell laufen“, sagte der Hund.
„Ich kann auf einen Baum klettern“, sagte die Katze.
„Was ist das schon“, sagte die kleine Ente. „Ich kann schwimmen.“
„Oh, das ist auch nichts Besonderes“, sagte die Taube. „Ich kann fliegen.“

Da stürzte plötzlich ein großer hungriger Fuchs auf sie los.
Er hatte sich bisher hinter einem Busch versteckt.
„Ich bin der Gescheiteste und Geschickteste von allen“, rief der Fuchs.
„Ich kann euch alle fressen.“

Der kleine Hund rannte schnell weg.
Die kleine Katze kletterte auf einen Baum.
Die kleine Ente stürzte sich in den Teich und tauchte unter.
Die Taube flog hoch in die Luft.

„Oh, wie war ich dumm“, sagte der große hungrige Fuchs.
„Das nächste Mal werde ich sie zuerst fangen und danach erst reden.“

*Kreuze an, was stimmt.*

- [ ] Die drei Tiere gingen miteinander spazieren.
- [ ] Sie erzählten einander, was sie können.
- [ ] Die Ente konnte fliegen.
- [ ] Die Taube konnte schnell laufen.
- [ ] Die Katze konnte auf einen Baum klettern.
- [ ] Der Fuchs hatte sich hinter einem Baum versteckt.
- [ ] Der Fuchs hatte Angst.
- [ ] Die Katze kletterte auf einen Baum.
- [ ] „Oh, wie war ich dumm“, sagte der Fuchs.

# Drei gemixte Witze

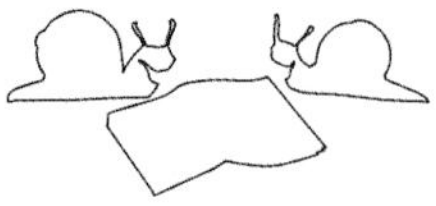

| | |
|---|---|
| | Zwei Katzen begegnen einander. |
| | Die Maus und der Elefant gehen baden. |
| | Ein Schäferhund schaut im ersten Stock aus dem Fenster. |
| | Der Elefant ist schon längst im Wasser. |
| | Unten steht ein Boxerhund. |
| | Sie schauen sich mit großen Augen an. |
| | Aber die Maus kann ihre Badehose nicht finden. |
| | Die eine sagt freundlich: „Miau, miau!“ |
| | Er ruft hinauf: „Komm herunter zum Spielen!“ |
| | Da sagt sie zum Elefanten: „Komm doch bitte noch einmal heraus!“ |
| | Die andere antwortet: „Kikeriki!“ |
| | Der Schäferhund antwortet: „Es geht nicht, die Türe ist geschlossen.“ |
| | „Was ist los?“, fragt der Elefant und kommt aus dem Wasser. |
| | Da fragt die erste: „Was soll denn das heißen?“ |
| | „Dann spring doch aus dem Fenster!“ |
| | „Ach nichts, ich wollte nur sehen, ob du meine Badehose angezogen hast.“ |
| | „Frag nicht so dumm“, antwortet die zweite, „das ist eine Fremdsprache.“ |
| | „Nein, ich will doch nicht aussehen wie du.“ |

# Mara, das kleine Känguru (1)

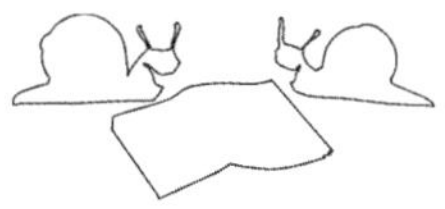

Text

Mara ist ein kleines Känguru. Es wohnt am Rande der australischen Steppe. Eigentlich hat es alles, was es braucht: liebe Eltern, genügend zu essen und zu trinken und einen kleinen frechen Bruder.

Aber glücklich ist es nicht.
Es denkt:
„Ich bin dumm.
Ich kann nichts.
Ich bin nicht hübsch.
Ich habe keine Freunde."
Wenn es über sich nachdenkt, beginnt es, in der Nase zu bohren.

„Pass auf, dass deine Nasenlöcher nicht so groß werden wie eine Kaninchenhöhle", spottet der Vater. Mara denkt: „Ich gehe in die Welt hinaus. Ich will mir einen Freund suchen."

In seinen Beutel stopft es einen roten Apfel, einen glitzernden Stein, eine duftende Blume und eine bunte Feder. Mitten in der Nacht schleicht es von zu Hause weg.

Am Morgen trifft Mara einen kleinen Koalabären. „Schau, ich habe einen schönen roten Apfel. Möchtest du ihn haben?", fragt Mara. „Gerne", antwortet der Koalabär und beißt in den saftigen Apfel. „Willst du mein Freund sein?", fragt Mara. Aber der Koalabär ist schon auf den nächsten Baum geklettert.

Am Mittag trifft Mara eine schwarz-weiße Elster. „Schau, ich habe einen herrlich glitzernden Stein. Möchtest du ihn haben?", fragt Mara. „Gerne", antwortet die Elster und packt den Stein mit dem Schnabel. „Willst du mein Freund sein?", fragt Mara. Aber die Elster ist schon auf den nächsten Hügel geflogen.

Am Abend trifft Mara ein kleines Kaninchen. „Schau, ich habe eine wunderbar duftende Blume. Möchtest du sie haben?", fragt Mara. „Gerne", antwortet das Kaninchen und steckt sich die Blume ins Ohr. „Willst du mein Freund sein?", fragt Mara. Aber das Kaninchen ist schon in der nächsten Höhle verschwunden.

In der Nacht trifft Mara einen kleinen Kuskus*. „Schau, ich habe eine bunte Feder. Möchtest du sie haben?", fragt Mara. „Gerne", antwortet der Kuskus und legt sie in seinen Beutel. „Willst du mein Freund sein?", fragt Mara. Aber der Kuskus ist schon ins nächste Gebüsch gerannt.

Müde setzt sich Mara auf einen Stein am Ufer eines kleinen Tümpels. Der Beutel ist leer. Einen Freund hat das kleine Känguru nicht gefunden.

# Mara, das kleine Känguru (2)

Text

Es hat Hunger.
Es hat Durst.
Es fühlt sich allein.
Es denkt:
„Ich bin dumm.
Ich kann nichts.
Ich bin nicht hübsch.
Ich habe keine Freunde."

Es will aus dem Tümpel trinken. Da schaut ihm ein hübsches kleines Känguru entgegen. Mara erkennt sich. Mara denkt: „So hässlich bin ich eigentlich gar nicht. Dumm bin ich auch nicht. Und ich kann meinem kleinen Bruder spannende Geschichten erzählen."

Zufrieden macht sich Mara auf den Heimweg. Die Eltern nehmen das kleine Känguru glücklich in die Arme. Mara beginnt zu erzählen. Geschichten von wilden Tigern, von riesigen Elefanten, von starken Bären.

Atemlos hört der kleine Bruder zu. Ganz in der Nähe sitzen der Koalabär, die Elster, das Kaninchen und der Kuskus und spitzen die Ohren.

**Kuskus sind kletternde Beuteltiere mit einem Greifschwanz, die nachts aktiv sind.*

*Beantworte die Fragen und male die entsprechenden Zahlen aus.*

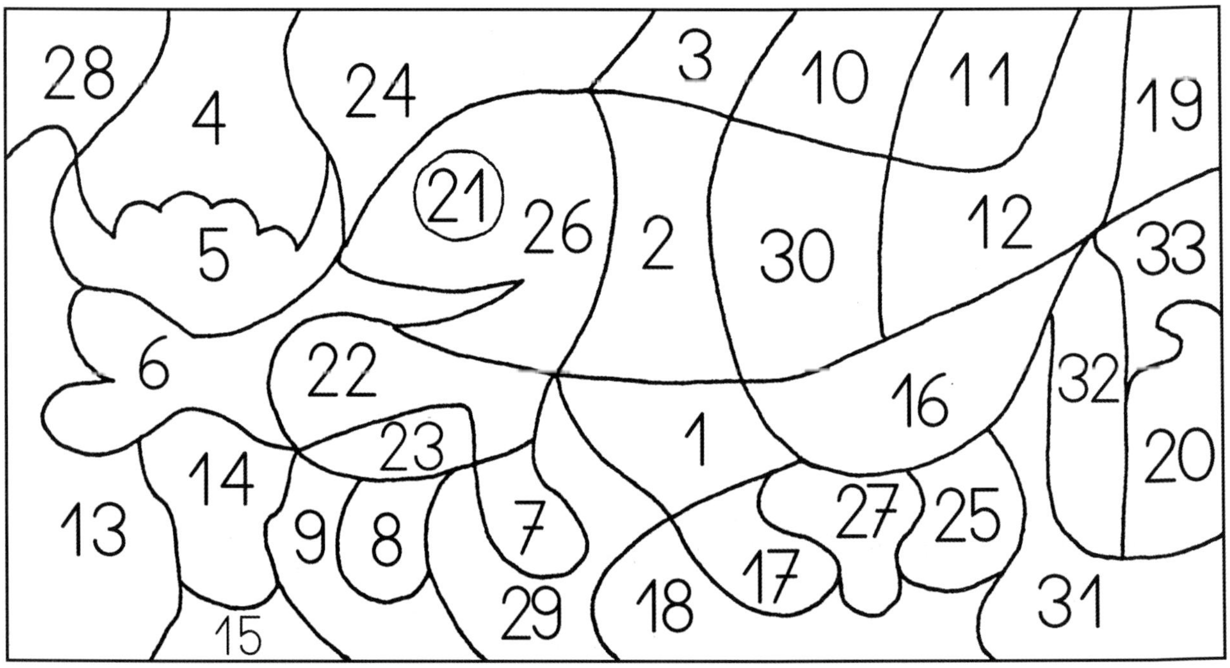

# Mara, das kleine Känguru

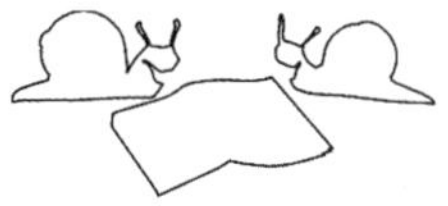

Arbeitsblatt

| | | | |
|---|---|---|---|
| Wo lebt Mara, das kleine Känguru? | ☐ | in der australischen Suppe | 1 |
| | ☐ | am Rande der Steppe | 2 |
| | ☐ | mitten in der australischen Steppe | 3 |
| Was macht Mara, wenn sie über sich nachdenkt? | ☐ | Sie lutscht am Daumen. | 4 |
| | ☐ | Sie kratzt sich im Haar. | 5 |
| | ☐ | Sie bohrt in der Nase. | 6 |
| Was sucht Mara in der weiten Welt? | ☐ | einen Freund | 7 |
| | ☐ | einen schönen Apfel | 8 |
| | ☐ | ein Kaninchen | 9 |
| Wann schleicht Mara von zu Hause fort? | ☐ | am Abend | 10 |
| | ☐ | mitten in der Steppe | 11 |
| | ☐ | mitten in der Nacht | 12 |
| Was stopft Mara in die Tasche? | ☐ | einen Apfel, einen Stern, eine Blume und eine Feder | 13 |
| | ☐ | einen Apfel, einen Stein, eine Blume und eine Feder | 14 |
| | ☐ | einen Apfel, einen Stern, eine Blume und keine Feder | 15 |
| Wer bekommt den glitzernden Stein? | ☐ | die Elster | 16 |
| | ☐ | der Koalabär | 17 |
| | ☐ | der Kuskus | 18 |
| Wohin verschwindet das Kaninchen? | ☐ | in der Hölle | 19 |
| | ☐ | in der Steppe | 20 |
| | ☐ | in der Höhle | 21 |
| Wohin setzt sich Mara, als sie müde ist? | ☐ | auf einen Stein bei einem Tümpel | 22 |
| | ☐ | auf einen Stamm an einem Tümpel | 23 |
| | ☐ | auf einen Stein in einem Tümpel | 24 |
| Wen erblickt Mara im Wasser? | ☐ | einen Frosch | 25 |
| | ☐ | sich selbst | 26 |
| | ☐ | einen Fisch | 27 |
| Wie fühlt sich Mara am Anfang der Geschichte? | ☐ | dumm aber hübsch | 28 |
| | ☐ | klug und hässlich | 29 |
| | ☐ | dumm und nicht hübsch | 30 |
| Wovon erzählt Mara ihrem Bruder? | ☐ | von Tigern, Elefanten und Bergen | 31 |
| | ☐ | von Tigern, Elefanten und Bären | 32 |
| | ☐ | von Elstern, Kaninchen und Koalabären | 33 |

# Das Mäuslein und der Elefant

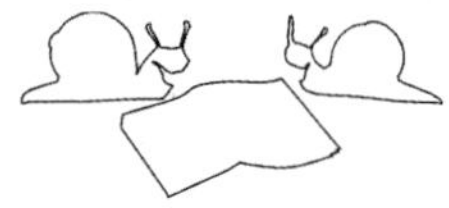

Text

Eines schönen Tages ging das Mäuslein spazieren. Da begegnete ihm der Elefant. „Hallo“, sagte das Mäuslein, „wo willst du hin?“

„Das weiß ich selber nicht“, brummte der Elefant, „ich laufe nur so ein bisschen für mich dahin.“

„Wenn du magst, kannst du mit mir gehen“, schlug das Mäuslein vor. „Ich besuche meine Großmutter.“

„Ja, gern“, sagte der Elefant und war froh, dass er mitgehen durfte.

Sie kamen an einen tiefen Bach.

„Hier geht es nicht weiter“, sagte der Elefant.

„Natürlich geht es weiter!“, rief das Mäuslein, „wir bauen eine Brücke.“

„Das ist ein guter Gedanke“, meinte der Elefant. Sie fanden einen langen Baumstamm.

„Du fasst in der Mitte an und ich hier am Ende“, sagte das Mäuslein.

Der Elefant hob den schweren Baumstamm hoch, und das Mäuslein half ihm. So bauten sie eine Brücke über den Bach und konnten weitergehen.

„Hahahaha“, lachte das Mäuslein, „wir zwei, wir sind tüchtig, was?“

Als sie weitergingen, kamen sie an einen steilen Berg. Da stand ein großer Lastwagen. „Weshalb fährt ihr nicht weiter?“, fragte das Mäuslein den Mann im Lastwagen.

„Es geht nicht“, antwortete der Mann, „der Weg ist zu steil für mein Auto. Ich weiß wirklich nicht, was ich machen soll.“

„Wenn es nicht mehr ist!“, rief das Mäuslein. „Wir schieben dich hinauf.“

„Komm!“, sagte es zum Elefanten, „schieb du in der Mitte. Ich helfe dir.“

Da schob der Elefant in der Mitte und das Mäuslein am linken Hinterrad.

„Vielen Dank!“, rief der Mann, als sie oben angekommen waren. „Das war sehr nett von euch.“

„Jaha“, lachte das Mäuslein, „wir zwei, wir sind stark, was?“

Marielis Hoberg

# Das Mäuslein und der Elefant

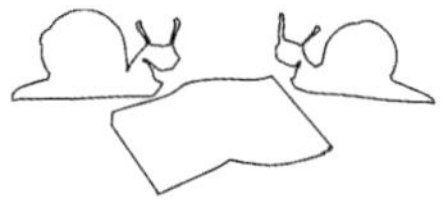

Arbeitsblatt

*Das Mäuslein begegnete dem Elefanten.*

________________ Hallo, wo willst du hin?

________________ Das weiß ich selber nicht, ich laufe nur so ein bisschen für mich dahin.

________________ Wenn du magst, kannst du mit mir gehen, ich besuche meine Großmutter.

________________ Ja, gern.

*Das Mäuslein und der Elefant kamen an einen tiefen Bach.*

________________ Hier geht es nicht weiter.

________________ Natürlich geht es weiter, wir bauen eine Brücke.

________________ Das ist ein guter Gedanke.

________________ Du fasst in der Mitte an und ich hier am Ende.

*Sie bauten eine Brücke über den Bach und konnten weitergehen.*

________________ Hahahaha, wir zwei, wir sind tüchtig, was?

*An einem steilen Berg stand ein großer Lastwagen.*

________________ Weshalb fährt ihr nicht weiter?

________________ Es geht nicht, der Weg ist zu steil für mein Auto.

________________ Ich weiß wirklich nicht, was ich machen soll.

________________ Wenn es nicht mehr ist! Wir schieben dich hinauf.

________________ Komm! Schieb du in der Mitte. Ich helfe dir.

*Der Elefant schob in der Mitte und das Mäuslein am linken Hinterrad.*

________________ Vielen Dank! Das war sehr nett von euch.

________________ Jaha, wir zwei, wir sind stark, was?

# Der Floh

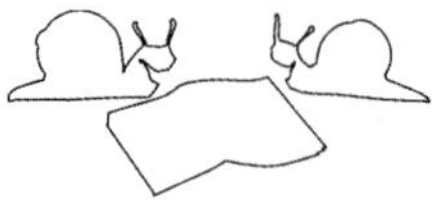

Herr Müller hatte einen ____________________,

der stach Herrn Müller ______________________.

Herr Müller dankte für die ____________________,

dann nahm er eine lange ______________________

und schnitt ihn in zwei gleiche ____________________.

Jedoch, nach einer kurzen ____________________,

da wurden aus dem einen ____________________

zwei neue Flöh daraus! ____________________!

Da sprach der eine von den ____________________:

„Man muss nicht einen Floh ____________________!“

*beiden – beißen – Ehre – Floh – Floh – Flöhe – irgendwo – Oho*
*Schere – Teile – Weile – zerschneiden*

# Wenn zwei sich streiten ...

Text

| | | |
|---|---|---|
| Eine Karotte bleibt übrig.<br><br>Jeder möchte sie haben.<br><br>Hoppel und Poppel schreien sich an. | Da kommt Mila, das Hasenmädchen, und schnappt sich die Karotte.<br><br>Schnell hoppelt Mila davon. | Hoppel und Poppel, die beiden Hasen, entdecken die Karotten.<br><br>Jeder packt eine davon und beißt kräftig zu. |
| Hoppel und Poppel merken, dass die Karotte weg ist.<br><br>Sie trösten sich und sagen: | In der Wiese liegen drei knackige rote Karotten.<br><br>Die Bäuerin hat sie verloren. | Sie gehen aufeinander los.<br><br>Sie schlagen sich.<br><br>Sie reißen sich an den Haaren. |

# Wenn zwei sich streiten ...

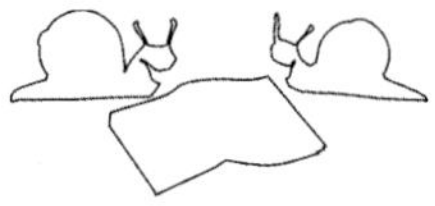

Arbeitsblatt

| | | |
|---|---|---|
| Bild 1 | Bild 2 | Bild 3 |
| | | |
| Bild 4 | Bild 5 | Bild 6 |
| | | |

# Rate, wer ich bin!

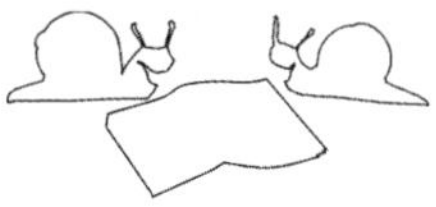

Ich habe vier Beine.
Ich lege Eier.
Ich kann nicht fliegen.
Ich habe keine Haare.
Ich bin gerne im Wasser.
Ich habe ein großes Maul mit vielen Zähnen.

# Katzengeschichten

# Meine Katzengeschichte

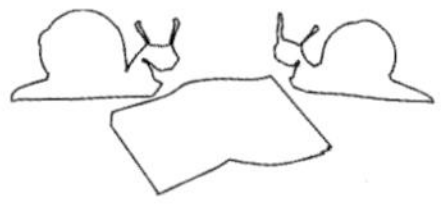

# Ein gewürfelter Anfang

Text

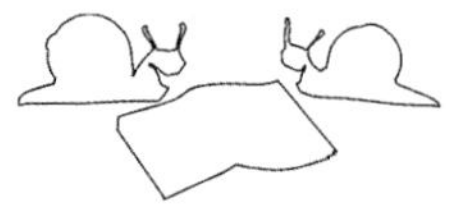

1. Eine Giraffe
2. Ein Hund
3. Ein Elefant
4. Ein Affe
5. Ein Pinguin
6. Ein Krokodil

- trampelt
  - frühmorgens
    - mit einem Nashorn
      - durch die Steppe
        - zu einer Wasserstelle.
        - in eine Grube.
      - durch den Bach
        - in den Wald.
        - in die Stadt.
    - mit Getöse
      - über die Wiese
        - auf einen Berg.
        - ins Kino.
      - auf der Landstraße
        - ans Meer.
        - zum Brunnen.
  - an Ostern
    - mit einer Schulklasse
      - durch den Korridor
        - in die Stube.
        - an ein Fest.
      - durch den Wald
        - in die Schule.
        - auf ein Schiff.
    - mit einem Hut
      - frech
        - in ein Mauseloch.
        - auf einen Teppich.
      - in vollem Lauf
        - ins Bett.
        - in ein Flugzeug.
- schwimmt
  - um Mitternacht
    - mit einem Schiff
      - durch die Wüste
        - zum Bahnhof.
        - zu einer Oase.
      - durch das Meer
        - ins Theater.
        - zum Südpol.
    - mit einem Floß
      - durch den See
        - auf eine Insel zu.
        - zu den Indianern.
      - in der Badewanne
        - zur Seife.
        - zu einem Schloss.
  - in der Sommerhitze
    - mit einem Schwan
      - durch die Wolken
        - in einen See.
        - auf den Mond.
      - durch den Nebel
        - zu den Nixen.
        - zu den Eisbergen.
    - mit dem Auto
      - im Fluss
        - in den Zoo.
        - in einen Hafen.
      - in der Straße
        - zu den Fröschen.
        - zum Telefon.

# Ein gewürfelter Anfang

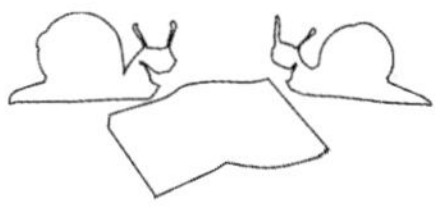

Arbeitsblatt

# Eigenschaften der Tiere

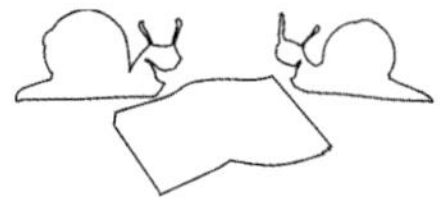

Arbeitsblatt

Du bist **ängstlich** wie ______________________________

Du bist **stark** wie ______________________________

Du bist **schmutzig** wie ______________________________

Du bist **stumm** wie ______________________________

Du bist **dumm** wie ______________________________

Du bist **fleißig** wie ______________________________

Du bist **langsam** wie ______________________________

Du bist **wild** wie ______________________________

Du bist **treu** wie ______________________________

Du bist **schlau** wie ______________________________

Du bist **falsch** wie ______________________________

Du bist **klug** wie ______________________________

Du bist **diebisch** wie ______________________________

Du bist **flink** wie ______________________________

eine Schlange – ein Hase –

eine Schnecke – ein Bär – ein Hund –

ein Schwein – ein Pinguin – eine Elster

– eine Gans – eine Eule – ein Fisch –

eine Katze – ein Wiesel – eine Biene –

ein Fuchs

# Eigenschaften der Tiere

Vorlagen

| | | | |
|---|---|---|---|
| **ängstlich** | **stark** |  |  |
| **schmutzig** | **stumm** |  |  |
| **dumm** | **fleißig** |  |  |
| **langsam** | **wild** |  |  |
| **treu** | **schlau** |  |  |
| **falsch** | **klug** |  |  |
| **diebisch** | **flink** |  | 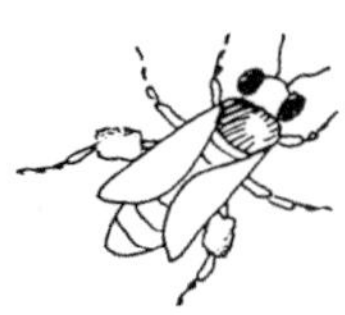 |
| | | |  |

# In Tiere verzaubern

# Eine ausgewählte Geschichte a

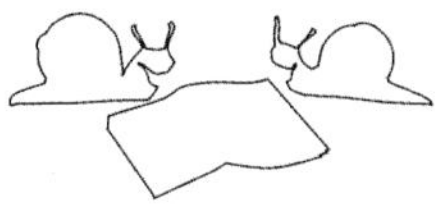

| | | |
|---|---|---|
| 1<br>Es war einmal ein kleiner Bär. Der lebte ganz allein in einem großen Wald. | 2<br>Eines Tages beschloss er, in die weite Welt hinaus zu gehen. | 3<br>Eines Tages ging er an seinen Lieblingsplatz, einen Weiher mitten im Wald. |
| 4<br>Eines Morgens beschloss er, auf den höchsten Baum zu klettern. | 5<br>Er verließ seinen Wald und wanderte über saftige Wiesen. | 6<br>Er genoss den wunderschönen Tag und die herrliche Aussicht. |
| 7<br>Er schaute den anderen Tieren zu, wie sie spielten. | 8<br>Er stieg auf einen Hügel, auf dem feine Blaubeeren wuchsen. | 9<br>Nach einiger Zeit stieg er wieder herunter. |
| 10<br>Weil ihn die große Hitze ermüdet hatte, legte er sich ins Gras und schlief ein. | 11<br>Er kam an einen klaren Bach, über den eine kleine Brücke führte. | 12<br>Kaum war er unten, begann es zu regnen. Es goss in Strömen. |
| 13<br>Etwas später trabte der Bär weiter. Er kam in eine kleine Stadt. | 14<br>Pudelnass legte er sich unter eine große Tanne und hörte dem Rauschen zu. | 15<br>„Ein erfrischendes Bad wäre jetzt herrlich!", dachte der kleine Bär und stieg ins Wasser. |
| 16<br>Er schüttelte sich und das Wasser spritzte auf alle Seiten. | 17<br>Stundenlang wanderte er über Feldwege und heiße geteerte Straßen. | 18<br>Er entdeckte viele weiße und schwarze Schafe. |
| 19<br>Auf den Dächern saßen Hunderte von grün-gelben Vögeln, die laut zwitscherten. | 20<br>Endlich kam er in ein hübsches, kleines Dorf, in dem viele Kinder lebten. | 21<br>Er versteckte sich hinter einem Brunnen, um zu schauen, was sie machten. |

# Eine ausgewählte Geschichte b

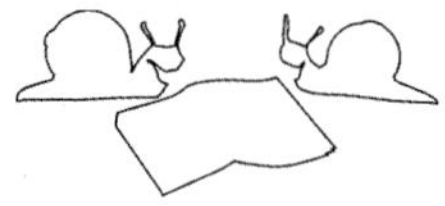

| | | |
|---|---|---|
| 22<br>Er fraß sie alle auf. Sie schmeckten herrlich. | 23<br>Er wollte mit ihnen spielen. Aber sie fürchteten sich. | 24<br>Der Bär schaute sich die Schaufenster an.<br>In einem entdeckte er Honigbüchsen. |
| 25<br>Sie rannten wie die Hühner umher und schauten gar nicht, was der Bär tat. | 26<br>In einem Garten entdeckte er saftige rote Erdbeeren. | 27<br>Gegen Abend dachte der kleine Bär: „Jetzt muss ich aber schnell nach Hause." |
| 28<br>„Eigentlich könnte ich hier eine Wohnung mieten", dachte der kleine Bär. | 29<br>Hinter einem Haus sah der kleine Bär eine Höhle, in die er nun einzog. | 30<br>Nach dem anstrengenden Tag wollte er sich nun ein wenig ausschlafen. |
| 31<br>Weil es Nacht wurde, legte er sich auf den Boden, um ein wenig zu schlafen. | 32<br>Es wurde nichts daraus. Gleich nebenan begann in einer Disco Musik zu dröhnen. | 33<br>Der kleine Bär hatte einen wunderschönen Traum. |
| 34<br>Er lief so schnell er konnte in den Wald zurück. | 35<br>Der kleine Bär sprang auf und rannte davon. | 36<br>Er flog fast wie ein Schmetterling über die Wiese. |
| 37<br>Die anderen Tiere erwarteten ihn schon. | 38<br>Die Fische staunten, wie elegant der kleine Bär über das Wasser sprang. | 39<br>„Endlich wieder zu Hause", dachte der kleine Bär und fiel in einen tiefen Schlaf. |
| 40<br>„Morgen mache ich wieder einen Ausflug", sagte der kleine Bär zu den anderen Tieren. | 41<br>„Eigentlich ist es zu Hause am schönsten", dachte der kleine Bär. | 42<br>„So, das wär`s also gewesen!", rief der kleine Bär und setzte sich an seinen Lieblingsplatz. |

# Meine ausgewählte Geschichte

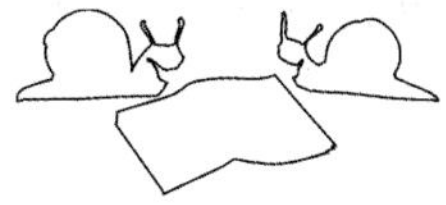

# Die Katze und die Maus

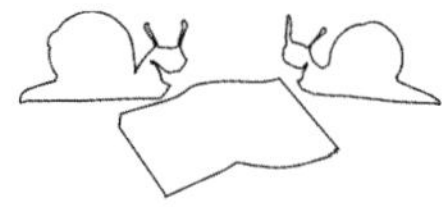

*Unterstreiche gelb, was die Katze sagt.*

*Unterstreiche rot, was die Maus sagt.*

Es waren einmal eine Katze und eine Maus.

„Leg dich hin und stell dich tot“,

sagte die Katze zur Maus.

Die Maus tat es.

Da lief die Katze herzu und packte die Maus.

„Das wird ein Festschmaus werden“,

dachte sie.

„Du musst dir aber die Hände waschen,

bevor du mich frisst“, sagte die Maus.

„Ja, das muss ich wohl tun“, sagte die Katze.

Aber da lief die Maus schnell weg.

„Da habe ich noch einmal Glück gehabt“,

sagte die Maus.

# Sieben kecke Schnirkelschnecken

Sieben kecke Schnirkelschnecken
saßen einst auf einem Stecken,
machten dort auf ihrem Sitze
kecke Schnirkelschneckenwitze.
Lachten alle so:
„Ho, ho, ho, ho, ho!“

Doch vor lauter Ho-ho-Lachen,
Schnirkelschneckenwitze-Machen,
fielen sie von ihrem Stecken:
alle sieben Schnirkelschnecken.
Liegen alle da.
Ha, ha, ha, ha, ha!

Josef Guggenmos

# Leporello a

kleben

Ein Hase hoppelt über die saftige Wiese.

kleben

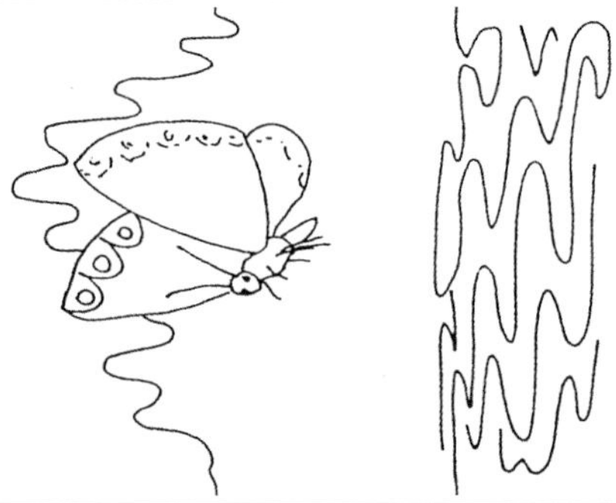

Ein Schmetterling setzt sich ihm auf die Nase und reitet ein Stück mit.

kleben

Brummend trottet ihm ein dicker Kragenbär nach.

kleben

Ein frecher Spatz hat sich auf seinen Rü-cken gesetzt.

kleben

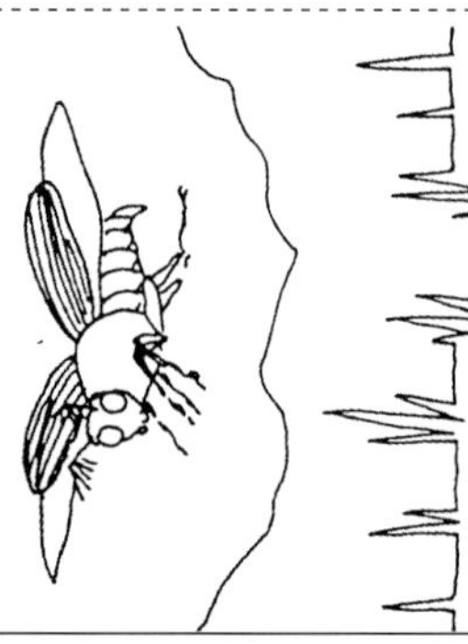

Ein Maikäfer fliegt dauernd um seinen Kopf und stört ihn.

kleben

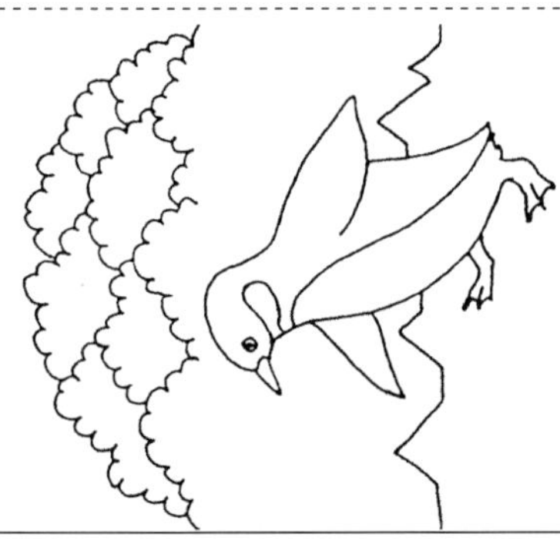

Ein Pinguin watschelt ihm nach und ruft: „Warte doch auf mich!“

kleben

Ein Rabe fliegt neben ihm her und krächzt laut: „Ich habe Hunger.“

kleben

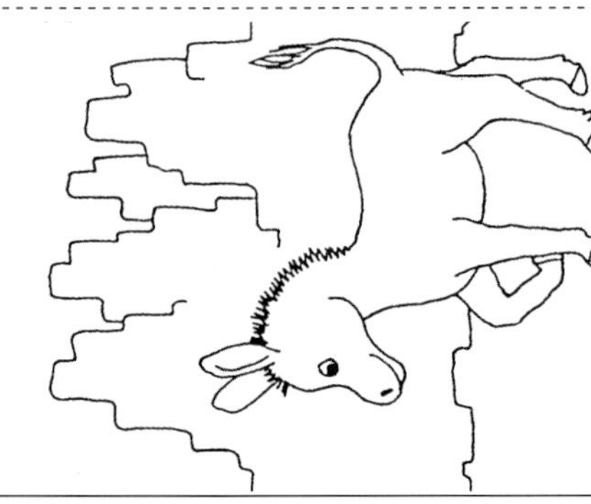

Gemütlich trottet ihm ein alter grauer Esel hinterdrein.

# Leporello b

kleben

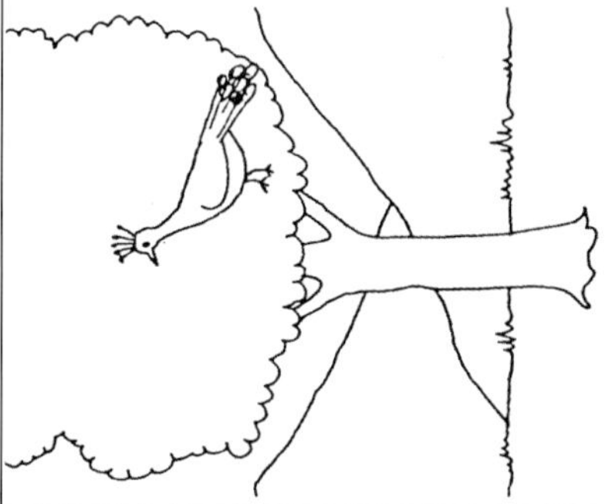

Der Pfau schlägt sein Rad und rettet sich auf einen Baum.

kleben

Ein Rehbock springt ihm in großen Sprüngen hinterher.

kleben

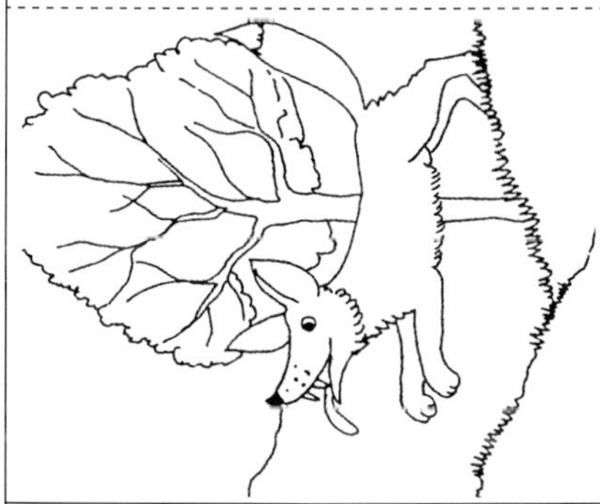

Da kommt ein Fuchs und verfolgt ihn mit lautem Bellen.

kleben

Ein Affe lässt sich von einem Baum auf seinen Rücken fallen.

kleben

Durch die Luft nähert sich ihm ein Adler von hinten.

kleben

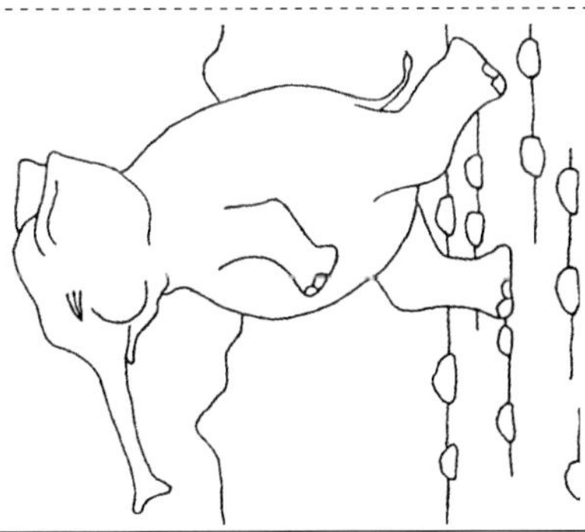

Ein Elefant trampelt ihm nach und trompetet im Takt.

kleben

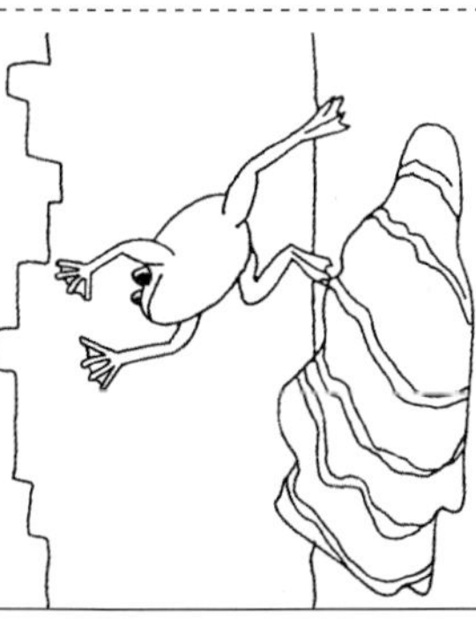

Ein Frosch hüpft auf einen Stein und von dort auf seinen Kopf.

kleben

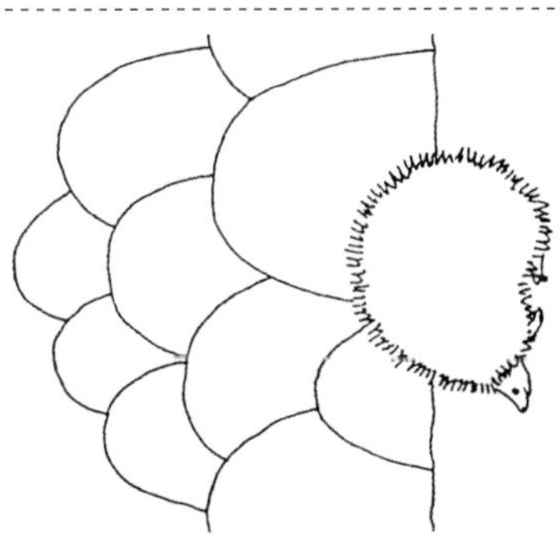

Der Igel rollt sich ein und denkt: „Ich bleibe lieber hier.“

# Leporello c

kleben

Eine Ziege sucht auf den Bergen saftige Kräuter.

kleben

Eine kleine graue Katze begleitet sie.

kleben

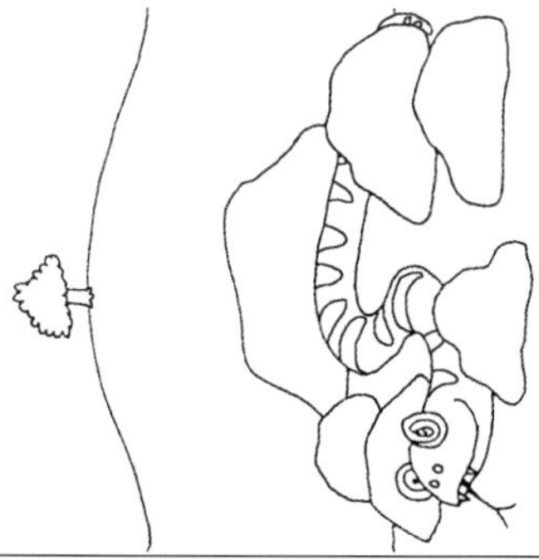

Zwischen den Steinen lauert eine Schlange auf ihre Beute.

kleben

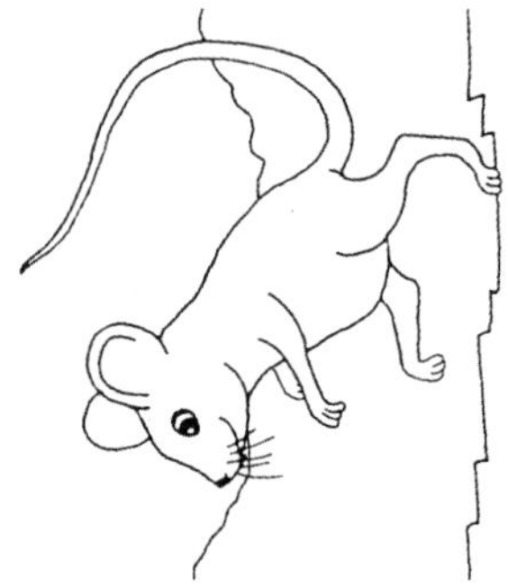

Eine Maus saust vorbei und springt ihr auf den Kopf.

kleben

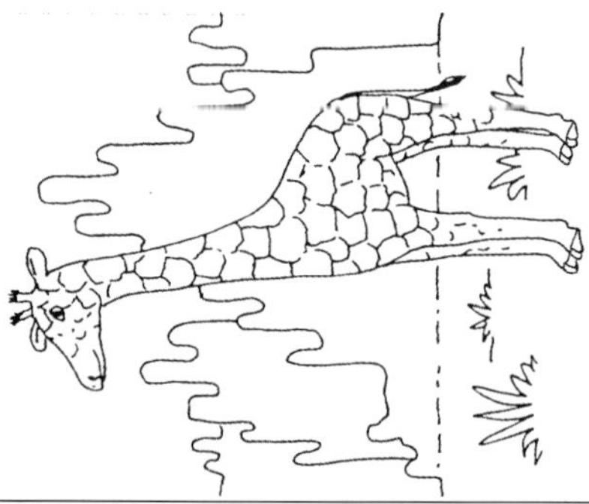

Auch eine Giraffe begleitet sie auf dem steilen Weg.

kleben

Eine Kuh steht am Wegrand und dreht nur den Kopf nach ihr.

kleben

Die Gans watschelt hinterher, verliert aber bald den Anschluss.

kleben

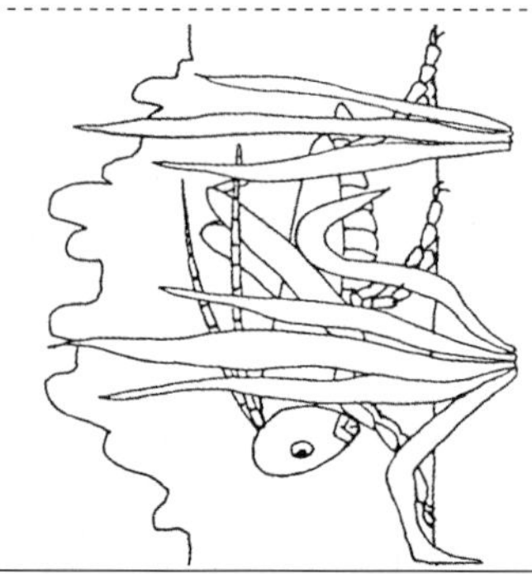

Mit einem Sprung hüpft ihr eine Heuschrecke auf den Kopf.

# Leporello d

kleben

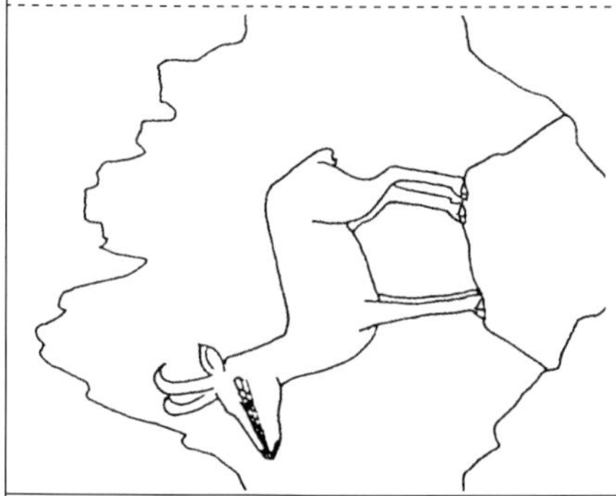

Leichtfüßig folgt ihr eine junge Gämse auf dem steilen Pfad.

kleben

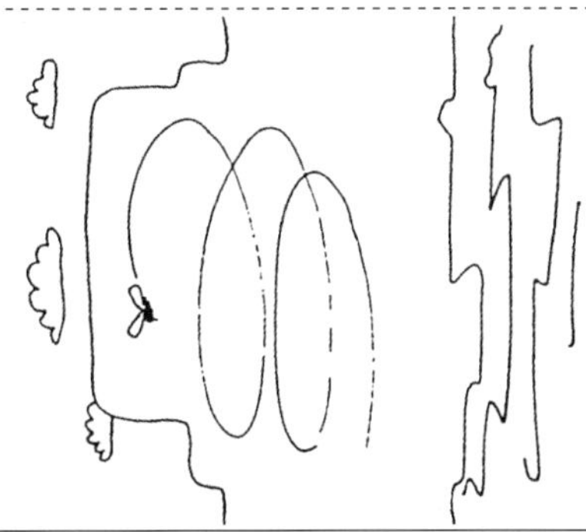

Eine Fliege kreist ständig um ihren Kopf.

kleben

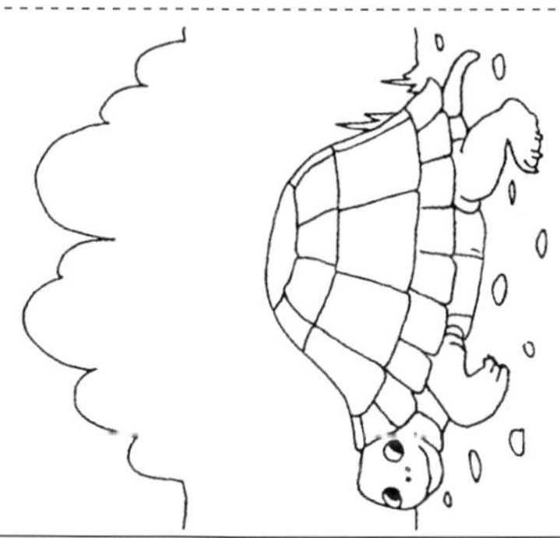

Gemütlich folgt ihr eine Schildkröte mit ihrem schützenden Panzer.

kleben

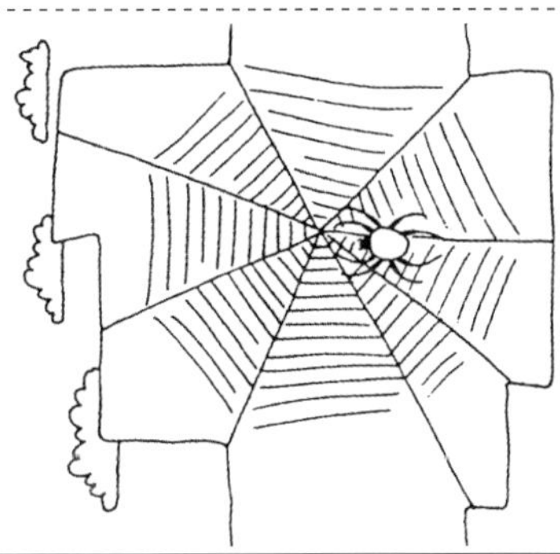

Eine Spinne versucht mit ihrem Netz, ihr den Weg zu versperren.

kleben

Auf ihren Kopf hat sich eine Meise gesetzt.

kleben

Eine Schnecke kriecht ihr auf den Rücken und lässt sich tragen.

kleben

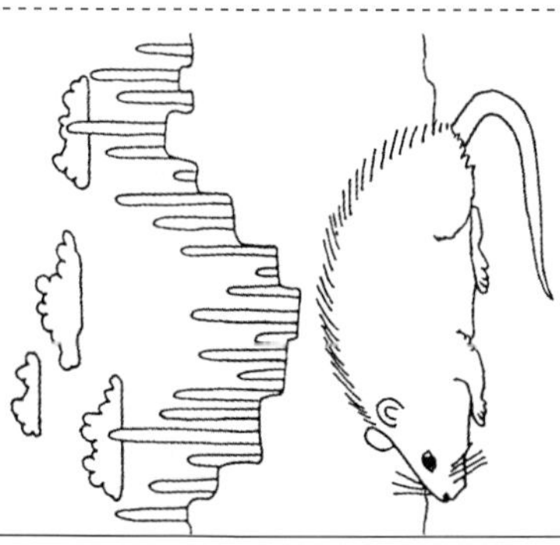

Auch eine Ratte kommt und rennt ihr nach, so schnell sie kann.

kleben

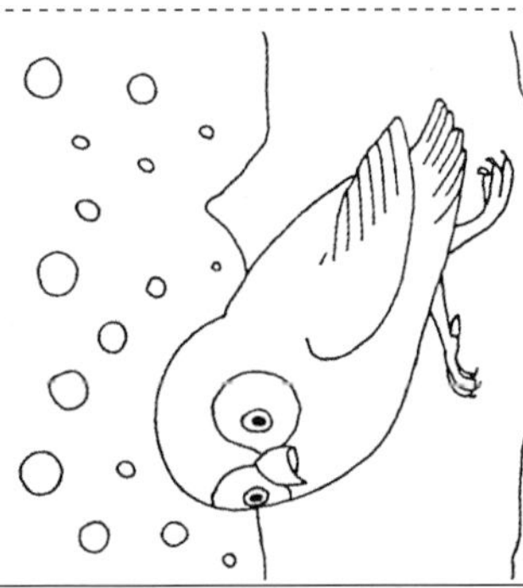

Am Abend folgt ihr schließlich noch die kluge Eule.

# Leporello e

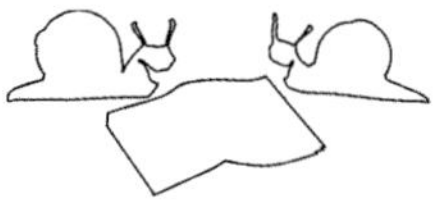

| | |
|---|---|
| kleben | kleben |
| kleben | kleben |
| kleben | kleben |
| kleben | kleben |

# Geschichte vom kleinen Seehund

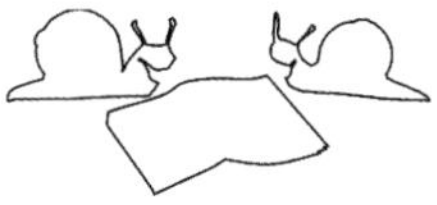

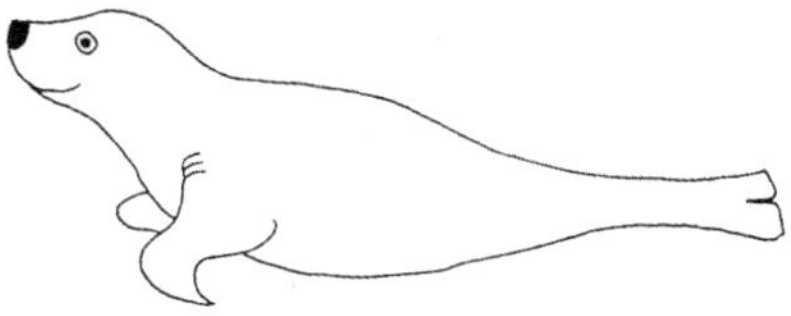

| | |
|---|---|
| | Einmal wollte eine Seehundmutter ihren kleinen Star Seehund nicht |
| . | ins Wasser lassen. |
| | Sie hatte der Angst. |
| | Das Meer schrie war doch so groß, |
| !“ | und der Seehund war willst so klein. |
| | Aber alle anderen kleinen Seehunde konnten schon schwimmen was. |
| | Sie haben sich von den Wellen schaukeln lassen und im Wasser du gespielt. |
| | Nur der eine kleine Seehund musste immer ganz allein im Sand liegen wenn und sich füttern lassen. |
| , | Er hat sich rauf gelangweilt, |
| | und von all dem Fressen und Faulsein ist er so doch dick wie ein Fußball geworden. |
| „ | Da ist ein Wind Komm gekommen. |
| . | Und hohe Wellen sind auf den Strand empört geschlagen. |
| | Die Seehundmutter wollte ihren kleinen Seehund schnell auf den Giraffe Sandberg bringen. |
| | Aber die er war schon viel zu dick, |
| | er konnte kaum noch rief watscheln. |
| !“, | Die da Mutter musste ihn mit der Schnauze vor sich her schieben. |
| , | Und als sie beide endlich oben runter waren, |
| „ | ist der kleine Kerl wieder He hinuntergekugelt, weil er so rund war. |
| . | Er ist vom Sandberg gerollt und ins Wasser gesetzt gefallen. |
| | Zuerst war er sehr Giraffe erschrocken. |
| | Er hat geprustet und geplanscht und geschnauft einer und gestrampelt. |
| | Dann ist er Stirn losgeschwommen! |
| | Die Wellen haben die ihn auf und ab geschaukelt, |
| | und der kleine Seehund hat vor Vergnügen auf gequietscht. |
| | Die sich Seehundmutter wollte ihn sofort wieder zurückholen. |
| | Aber sie halle konnte ihn nicht mehr finden. |
| | Im Gesicht hat er doch genauso Star ausgesehen wie alle anderen kleinen Seehunde |
| | und seinen Ein dicken Bauch konnte man im Wasser nicht erkennen. |

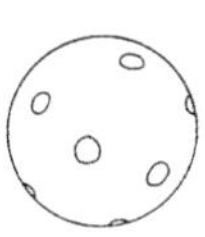

# Dürrer Hund mit faulen Ohren

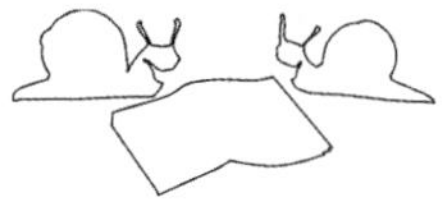

| | | | | | | |
|---|---|---|---|---|---|---|
| ☐ groß | ☐ schlau | ☐ blind | ☐ frech | ☐ lustig | ☐ faul | ☐ bucklig |
| ☐ schleimig | ☐ reif | ☐ grün | ☐ lang | ☐ kahl | ☐ jung | ☐ herrlich |
| ☐ flink | ☐ billig | ☐ hart | ☐ wild | ☐ laut | ☐ dünn | |

An einem 1 ______________ Morgen liegt Waldi, mein 2 ______________, 3 ______________ Dackel, auf meinem 4 ______________ Polsterstuhl und schläft. Vermutlich hat er einen 5 ______________ Traum, denn er schnarcht wie eine 6 ______________ Motorsäge. Gleich neben ihm schnurrt eine 7 ______________ Katze. Sie denkt: „Wieso muss dieser 8 ______________ Köter so 9 ______________ schnarchen?“ Sie holt sogleich einen 10 ______________ Grashalm und beginnt, Waldi an seiner Nase 11 ______________ zu kitzeln. Der öffnet nur seine 12 ______________ Augen und muss dann niesen. Vom 13 ______________ Luftzug wirbelt es die Katze durch die Luft. Sie landet genau auf dem 14 ______________ Kochherd. Mit einem 15 ______________ Schrei springt die Katze in die Höhe und landet auf dem 16 ______________ Lampenschirm. Wieder blinzelt der 17 ______________ Dackel und meint dann: „Wie kommst denn du, mein 18 ______________, 19 ______________ Kater so plötzlich auf den 20 ______________ Lampenschirm?“

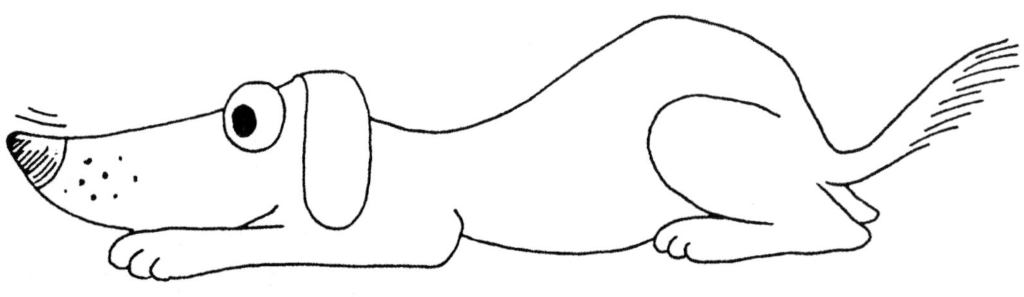

# Comic

Was sagen oder denken die Tiere? Schreibe es in die Sprechblasen.

# Schneckenreise

Text

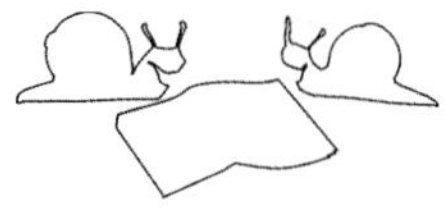

Pia ist eine reiselustige Weinbergschnecke.

Soeben hat sie das Gipfelkreuz erreicht.

Sie bewundert die herrliche Aussicht.

Dann aber macht sie sich wieder auf den Weg.

Sie kriecht abwärts und entdeckt die Luftseilbahn.

„Das geht ja viel schneller und bequemer“, denkt Pia und versteckt sich auf dem Dach der Gondel.

Bald fährt die Bahn so schnell los, dass es Pia fast schwindlig wird.

Von der Talstation aus begibt sie sich auf dem kürzesten Weg hinauf zum Schloss, muss sich aber dauernd vor einer Krähe in Acht nehmen.

In einer schattigen Nische schläft sie ein wenig, bis die größte Hitze vorbei ist.

Gegen Abend kriecht sie den Weg hinunter.

Sie besucht im nahen Wald Tante Rita, eine alte Wegschnecke.

„Kommst du mit auf meine Reise?“, fragt Pia ihre Tante.

Aber die bleibt lieber im Wald, weil sie kein schützendes Haus mitträgt.

Allein kriecht Pia unter dem alten Auto durch zum Weg.

Bei der Vogelscheuche verlässt sie den Weg und kriecht zum Bach.

Aber der ist zu breit und zu tief.

Pia geht auf den Weg zurück und überquert den Bach erst bei der Brücke. Auf dem Wegweiser liest sie, dass in der Nähe ein Aussichtsturm steht. Den muss sie natürlich auch gesehen haben.

Sie klettert sogar ganz nach oben und freut sich, dass ihr ein kurzer, erfrischender Regen das Leben erleichtert.

Auf direktem Weg geht es jetzt zum Brunnen und von dort ganz nah am Feuer vorbei zur Fahnenstange.

Auch diese muss selbstverständlich bestiegen werden.

Von ganz oben aus erblickt Pia im Weiher ein kleines Segelschiff.

„Eine Seefahrt, die ist lustig!“, denkt sie und kriecht ans Ufer des Weihers.

Aber das Schiff ist festgebunden.

Also kriecht Pia über die Seerosenblätter zum Sandhaufen.

Auch wenn der sandige Boden sehr unangenehm ist, schlüpft Pia durch den Tunnel.

Sie kriecht den Baumstamm hoch auf das Balkongeländer und das Ablaufrohr hinunter zur Katze.

Die lässt sich in ihrem Schlaf überhaupt nicht stören.

Pia kriecht in den Garten hinunter, versucht ein bisschen vom Gänseblümchen und frisst sich schließlich an der süßen, roten Erdbeere satt.

# Schneckenreise

Arbeitsblatt

# Der hungrige Fuchs

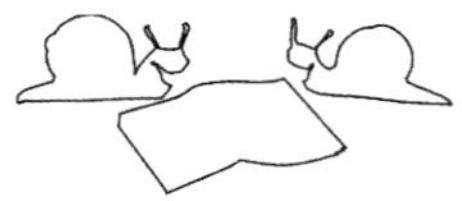

Lies die Geschichte sorgfältig durch.

Unterstreiche, was jedes Tier sagt, mit einer anderen Farbe:

| | |
|---|---|
| Hund: | braun |
| Ente: | grün |
| Katze: | schwarz |
| Taube: | blau |
| Fuchs: | rot |

Kreuze unten an, was stimmt!

Theater spielen:

Suche vier andere Kinder und spielt diese Geschichte als Theaterstück. Ihr spielt die Tiere selbst oder lasst Tierpuppen sprechen.

# Drei gemixte Witze

Auf dem Blatt stehen 18 Sätze. Lies sie genau.

Immer sechs Sätze gehören zu einem Tierwitz.

Versuche herauszufinden, welche sechs Sätze zusammengehören.

Male die Quadrate vor den Sätzen in folgenden Farben aus:

| | |
|---|---|
| 1. Witz: Die zwei Katzen | gelb |
| 2. Witz: Die Maus und der Elefant | grau |
| 3. Witz: Zwei Hunde | orange |

Wähle den Witz aus, der dir am besten gefällt.

Schreibe ihn sorgfältig in dein Heft ab.

Male ein Bild dazu.

# Mara, das kleine Känguru

Lies die Geschichte sorgfältig durch.

Beantworte die Fragen. Es ist jeweils nur eine Antwort richtig. Kreuze sie an.

Hinter den Antworten stehen Zahlen. Suche im Bild die entsprechende Zahl und male sie in deiner Lieblingsfarbe aus.

Schreibe auf die Rückseite, was diese Geschichte für die Menschen bedeuten könnte.

Tüpfelkuskus

# Das Mäuslein und der Elefant

Lies die Geschichte sorgfältig.

Auf dem Arbeitsblatt schreibst du vorne auf die Zeile, wer das gesagt hat: der Elefant, das Mäuslein oder der Mann.

Bringe Stofffiguren mit und spiele diese Geschichte den anderen Kindern vor. Es können dir auch zwei Kinder dabei helfen.

# Der Floh

Lies das Gedicht.

Welche Wörter passen in die Lücken? Schreibe mit Bleistift. Zwei Wörter bleiben übrig. Male einen farbigen Kreis darum.

Joachim Ringelnatz hat das Gedicht geschrieben. Schreibe seinen Namen unter den Titel.

Wähle eine der folgenden Aufgaben aus:

1. Lerne das Gedicht auswendig.
2. Schreibe eine ähnliche Geschichte auf. Zum Beispiel mit Frau Meier und einer Mücke.

# Wenn zwei sich streiten ...

Schneide alle Bilder aus.

Bringe sie in die richtige Reihenfolge.

Klebe sie auf dem zweiten Blatt auf.

Schneide die Felder mit dem Text aus.

Lege die einzelnen Teile zu den passenden Bildern.

Lies den Text zur Kontrolle einmal ganz durch, bevor du ihn aufklebst.

Schreibe auf, was die Hasen am Schluss sagen.

Du kannst die Bilder zuerst auch ausmalen.

## Rate, wer ich bin!

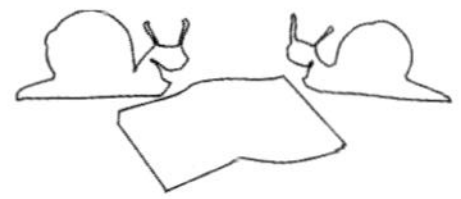

Lies zuerst das Rätsel leise für dich durch.

Schreibe in den Streifen, welches Tier sich im Rätsel vorgestellt hat.

Schreibe ein eigenes Tierrätsel. Gestalte es spannend, indem du am Anfang nur wenig verrätst.

Kontrolliere die Wörter mit einem Wörterbuch.

Deine Lehrerin oder dein Lehrer korrigiert den Text.

Die anderen Kinder raten, welches Tier du gewählt hast.

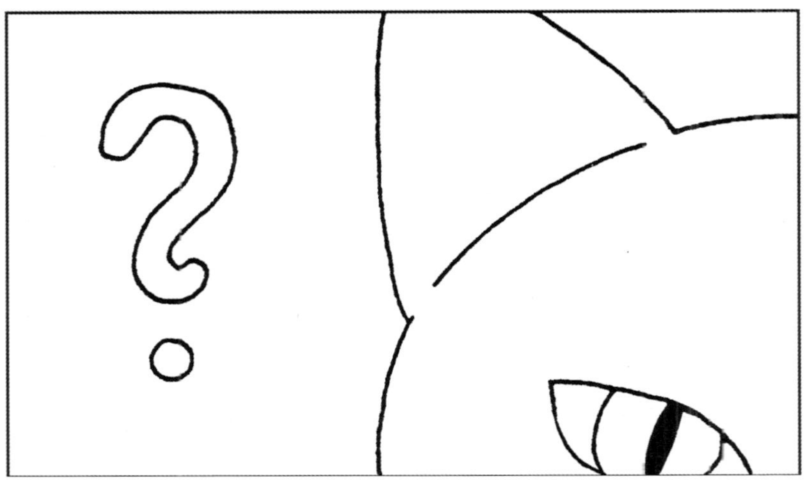

## Katzengeschichten

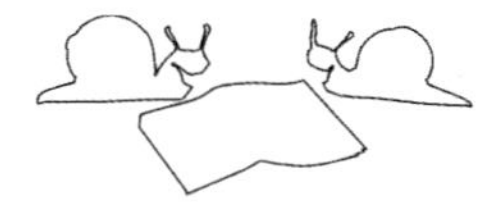

Schneide alle Bildkärtchen aus.

Wähle einige Kärtchen aus und stelle sie zu einer Geschichte zusammen.

Schreibe die Geschichte auf.

Klebe die ausgewählten Bilder links neben den Text.

Gib deiner Geschichte einen Titel und schreibe ihn oben in den Streifen.

Kontrolliere die Wörter mit einem Wörterbuch.

Jemand anderes liest dir den Text vor. Vielleicht musst du noch etwas ändern.

Deine Lehrerin oder dein Lehrer korrigiert die Geschichte.

# Ein gewürfelter Anfang

Nimm einen Würfel und würfle.

Der erste Wurf bestimmt, mit welchem Tier deine Geschichte beginnt. Würfle weiter.

Ungerade Zahlen bedeuten: Folge dem Pfeil nach oben.

Gerade Zahlen bedeuten: Folge dem Pfeil nach unten.

Schreibe den erwürfelten Satz auf.

Schreibe deine eigene Fortsetzung.
Beginne mit: Dort ...

Male am Schluss ein kleines Bild zu deiner Geschichte.

# Eigenschaften der Tiere

Schneide die Bild- und Wortkarten aus.

Suche zu jedem Tierbild ein passendes Wort.
Das kannst du auch zusammen mit einem anderen Kind machen.

Schreibe deine Lösungen auf das Arbeitsblatt a.

Zeichne ins kleine Viereck das Tier, das übrig bleibt.

Schreibe dazu ein passendes Adjektiv.

## In Tiere verzaubern

In Märchen werden oft Menschen in Tiere verzaubert, zum Beispiel in „Brüderchen und Schwesterchen“ und „Jorinde und Joringel“.

Jetzt bist du ein Zauberkind. Du verzauberst dich und deine Freunde in Tiere. Es dürfen ganz verschiedene Tiere sein.

Überlege dir, wen du in welches Tier verzaubern möchtest. Mache eine Zeichnung auf dem Blatt.

Schreibe zu jedem Tier, wer es ist.

## Eine ausgewählte Geschichte

Schneide die Karte mit der Nummer 1 aus und klebe sie links auf die oberste Linie deines Arbeitsblattes.

Schneide die anderen Karten aus.

Wähle selbst die Fortsetzung deiner Geschichte.

Achte darauf, dass du bei den Karten stets zu größeren Zahlen kommst.

Lies deine Geschichte immer wieder von Anfang an durch. Sie hört mit einer der vier letzten Karten auf (Nummer 39 – 42).

Klebe nun die Karten, die zu deiner Geschichte gehören, auf dein Arbeitsblatt.

Übe deine Geschichte so, dass du sie gut vor der Klasse vorlesen kannst.

Diese Aufgabe ist ziemlich schwierig. Du kannst sie etwas vereinfachen, wenn du alle Karten mit geraden Nummern (2, 4, 6, 8 ...) beiseite legst.

## Die Katze und die Maus

Lies die Geschichte zweimal durch.

Unterstreiche alles, was die Katze sagt oder denkt, mit gelber Farbe.

Unterstreiche alles, was die Maus sagt oder denkt, mit roter Farbe.

Suche zwei andere Kinder.

Lest die Geschichte mit verteilten Rollen.

Vielleicht habt ihr die Möglichkeit, die Geschichte auf Kassette zu sprechen und euch selbst zu hören.

## Sieben kecke Schnirkelschnecken

Lies das Gedicht siebenmal durch.

Übermale alle Stellen, an denen du „sch“ sagen musst, rot. Achtung: Manchmal sagt man auch „sch“, wenn nur ein „s“ geschrieben steht.

Wenn du „s“ oder „z“ sagen musst, übermalst du den Buchstaben gelb.

Lies jetzt das Gedicht noch ein paar Mal halblaut durch.

Zeichne im unteren Teil die sieben Schnirkelschnecken, wie sie im Gras liegen.

Trage das Gedicht der Klasse vor.

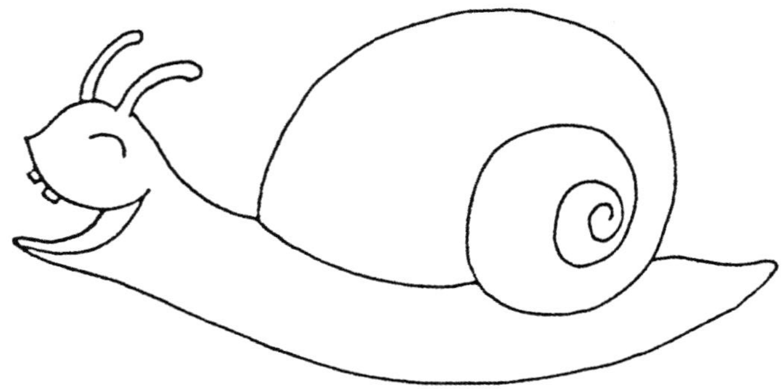

# Leporello

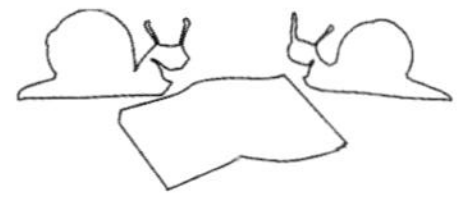

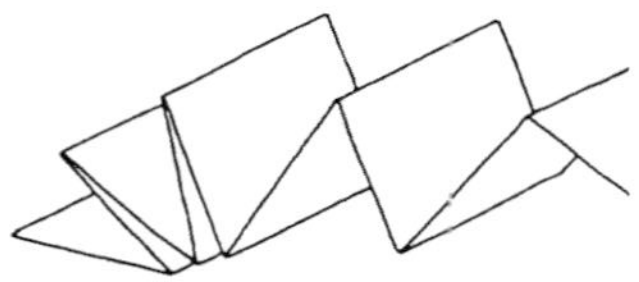

Ein Leporello ist ein Bilderbuch, bei dem die Seiten auseinandergezogen werden können.

Wähle zwei Arbeitsblätter, entweder Leporello a+b oder c+d aus.

Ritze alle gestrichelten Linien mit einer Nadel.

Schneide alle Leporello-Teile sorgfältig aus.

Lege die Reihenfolge der einzelnen Teile fest.

Achte darauf, dass die Texte zueinander passen.

Klebe die Teile mit wenig Klebstoff zusammen.

Falte die Teile abwechselnd nach vorn und nach hinten.

Gestalte einen Deckel für dein Leporello.

Wenn du ein eigenes Leporello gestalten möchtest, darfst du nur Tiere wählen, die den gleichen Artikel haben.
das: das Schwein, das Reh, das Kamel ...
die: die Taube, die Ente, die Kröte ...
der: der Elefant, der Geier, der Igel ...
Als Vorlage nimmst du das Blatt Leporello e.

# Geschichte vom kleinen Seehund

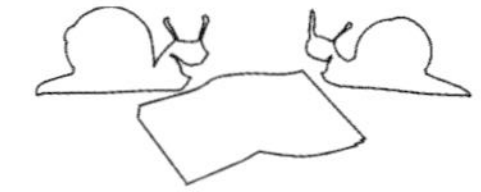

Lies die ganze Geschichte.

In der Geschichte stehen 27 überflüssige Wörter.

Streiche sie durch.

Schreibe die durchgestrichenen Wörter vorne auf die Linien.

Lies die Geschichte ohne diese Wörter.

Lies die Wörter, die du auf die Linien geschrieben hast von unten nach oben.

Schreibe diesen Tierwitz auf die Rückseite des Arbeitsblattes.

## Dürrer Hund mit faulen Ohren

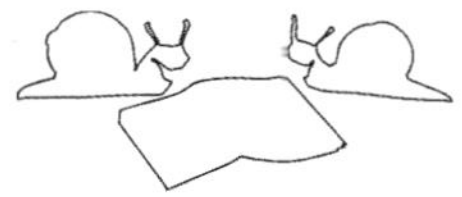

Schreibe zuerst die Zahlen von 1 bis 20 ganz gemischt in die Quadrate neben den Adjektiven.

Schreibe die Adjektive an die Stelle in der Geschichte mit der gleichen Zahl.

Du musst die Adjektive dort, wo es nötig ist, dem Satz anpassen: Aus *dick* wird zum Beispiel *dick**e**, dick**es**, dick**en*** oder *dick**er***.

Lest einander die Geschichte mit den eingesetzten Adjektiven vor.

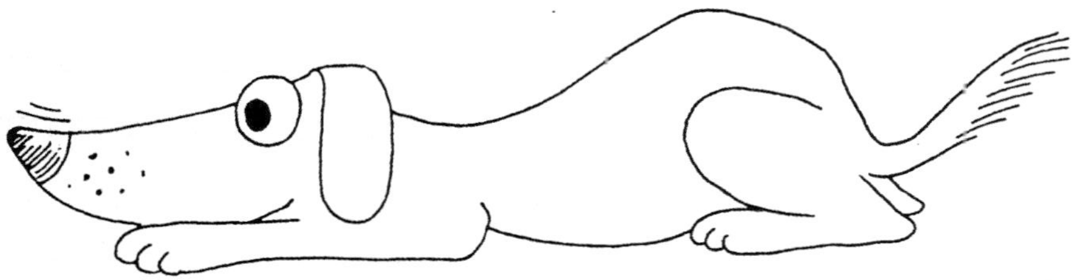

## Astzapfentiere

Du brauchst Astzapfenholz in verschiedenen Größen, Klebstoff, Wasserfarben und Lack.

Klebe die einzelnen Teile so zusammen, dass ein Tier entsteht.

Warte, bis der Klebstoff trocken ist.

Bemale die Tiere mit Wasserfarbe. Warte jeweils, bis die Farbe trocken ist, bevor du weitermalst.

Um die Farbe zu schützen, kannst du dein Tier lackieren.

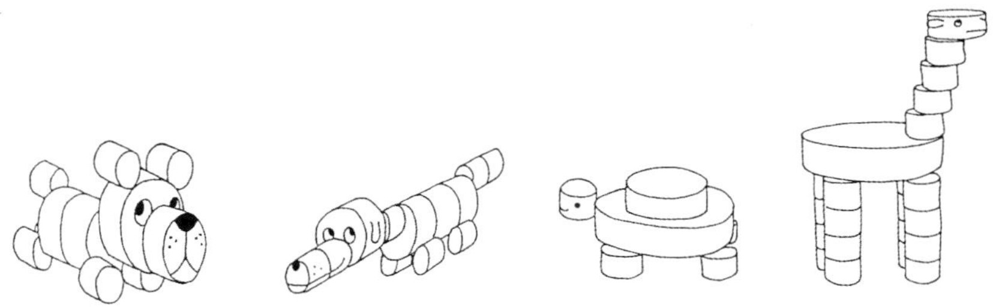

## Comic

In diesem Comic fehlt der Text.

Überlege dir gut, was die einzelnen Tiere denken oder sagen. Schreibe es in die Sprechblasen.

Kontrolliere den Text mit deinem Wörterbuch.

Du kannst die Figuren ausmalen.

## Schneckenreise

Lies die Geschichte.

Zeichne auf dem Arbeitsblatt den Weg ein, den die Schnecke Pia geht. Nimm zuerst einen Bleistift, danach machst du den Weg farbig.

Praxiserprobt und topaktuell: Materialien von Auer!

# Für einen erfolgreichen Leseunterricht!

Samuel Zwingli

## 330 Unterschiede: Suchen, finden, weiterdenken

**Fehlersuchbilder mit weiterführenden Materialien zu Lehrplanthemen**

Fördern Sie die Konzentrationsfähigkeit und Fantasie mit faszinierenden Fehlersuchbildern! Belohnen Sie so beispielsweise Kinder, die ihr Arbeitspensum bereits geschafft haben. Die Fehlersuchbilder beruhen auf 33 wichtigen Themen aus dem Lehrplan der 1. bis 4. Klasse und zeichnen sich durch eine große Nähe zur Lebenswirklichkeit der Kinder aus.

72 S., DIN A4

▸ Best.-Nr. **6371**

Bernd Wehren

## Lesen mit Detektiv Pfiffig

**Erstklässler nehmen Bilder und Wörter unter die Lupe**

Selbstständig Lesen üben in der 1. Klasse – dieser Band macht es möglich! Wiederkehrende Aufgabentypen, ein gleichbleibendes Layout und kindgerechte Themen helfen den Schülern dabei, Wörter und kurze Texte sinnerfassend zu lesen und zu schreiben. Lösungskarten ermöglichen das selbstständige Arbeiten. Besonders motivierend: der Detektiv-Ausweis und die Urkunde, die sie nach dem Lösen der „44 Fälle" erhalten.

112 S., DIN A4

▸ Best.-Nr. **4576**

Birgit Gerber

## Drache Stachel im Honigkuchenland

**Eine Geschichte für Leseanfänger in zwei Schwierigkeitsstufen**

▸ Eine zusammenhängende Geschichte für alle Leseanfänger – mit Differenzierungsstufen!

Die Lesefreude bei Erstlesern wecken ist für Lehrer oft gar nicht so leicht, doch ist dies eines der wichtigsten Anliegen des Deutschunterrichts der 1. und 2. Klasse. Mit Drache Stachel und seinen Freunden erleben Kinder Kapitel für Kapitel ein fantastisches Abenteuer! Mit dieser abgeschlossenen Geschichte in zwei Leseniveauanforderungen und begleitenden Fragen zum Leseverständnis schaffen es Lehrer, ihre Schüler zu begeisterten und motivierten Lesern zu machen. Durch abwechslungsreiche Kreativaufgaben werden die Schüler außerdem zum Verfassen eigener Texte angeregt und ihre Fantasie wird gefordert.

88 S., DIN A4

▸ Best.-Nr. **6122**

Auer **BESTELLCOUPON** Auer

**Ja,** bitte senden Sie mir/uns mit Rechnung:

_____ Expl. Samuel Zwingli
**330 Unterschiede: Suchen, finden, weiterdenken** Best.-Nr. **6371**

_____ Expl. Bernd Wehren
**Lesen mit Detektiv Pfiffig** Best.-Nr. **4576**

_____ Expl. Birgit Gerber
**Drache Stachel im Honigkuchenland** Best.-Nr. **6122**

**Bequem bestellen direkt bei uns!**
**Telefon: 01 80 / 5 34 36 17**
**Fax: 09 06 / 7 31 78**
**E-Mail: info@auer-verlag.de**
**Internet: www.auer-verlag.de**

Bitte kopieren und einsenden/faxen an:

**Auer Versandbuchhandlung**
**Postfach 1152**
**86601 Donauwörth**

Meine Anschrift lautet:

*Name/Vorname*

*Straße*

*PLZ/Ort*

*E-Mail*

*Datum/Unterschrift*